Colonie d'Alger.

PREMIÈRE LETTRE

A M. PASSY, DÉPUTÉ,

RAPPORTEUR DU BUDGET DU MINISTÈRE DE LA GUERRE,
POUR L'ANNÉE 1836;

PAR

M. Eugène RENAULT,

DÉLÉGUÉ D'ALGER,

AVOCAT AU CONSEIL D'ÉTAT ET A LA COUR DE CASSATION.

SE DISTRIBUE

A PARIS,

CHEZ LES PRINCIPAUX LIBRAIRES.

AVRIL 1835.

PANSERON-BÉNARD, imprimerie HERHAN, 380, rue St-Denis.

Première Lettre

A M. PASSY, DÉPUTÉ.

⟡

Monsieur ,

Vous êtes l'adversaire le plus redoutable de la colonie d'Alger; votre antipathie pour l'Afrique s'est révélée en maintes occasions, et votre qualité de rapporteur habituel du budget du ministère de la guerre vous permet chaque année de rompre une lance contre ce fantôme dont votre imagination est terrifiée.

Votre rapport sur le budget de 1835 avait suffisamment prouvé que, quoique membre de la grande commission d'Afrique, vous ignoriez complétement la situation du pays. Tous ceux qui ont passé huit jours à Alger ont reconnu que jamais vous n'aviez foulé le sol africain , et avaient conçu l'espoir qu'un homme d'état consciencieux comme vous l'êtes se déciderait à une traversée de quarante-huit heures pour étudier sérieusement un établissement qu'il combat avec tant de persistance. Vous n'avez pas jugé convenable de sortir de votre cabinet pour apprécier les dispositions des indigènes à notre égard et la fertilité des terres. C'était votre droit.

Mes collègues et moi (1), confians dans votre désir pré-

---

(1) Les délégués d'Alger sont MM. baron Volland , intendant des Invalides ; baron Vialar , ancien magistrat; de Guiroie , sous intendant militaire ; et Eugène Renault, avocat aux conseils.

sumé de connaître la véritable situation de notre colonie d'Afrique, nous vous avions adressé en votre qualité de président de la commission du budget du ministère de la guerre pour l'année 1836, une lettre pour être admis dans son sein, afin de l'éclairer sur des faits qui ne sont dans aucun livre, et de contribuer par nos connaissances spéciales à la rectification d'erreurs généralement accréditées par l'*ignorance* ou la mauvaise foi. Si vous n'avez pas jugé convenable de communiquer notre lettre à la commission, je suis bien convaincu que vous n'avez point reculé devant une discussion contraire à votre opinion personnelle, mais que c'est uniquement, comme vous me l'avez dit, parce que vous avez pensé que la question étant connue, de nouveaux éclaircissemens étaient superflus.

Cependant, monsieur, la lecture de votre rapport est une preuve nouvelle que quelle que soit la supériorité d'un homme de cabinet, il y a des connaissances et des appréciations qu'il ne peut deviner ; si votre loyauté n'était bien connue, on attribuerait peut-être les erreurs palpables qui servent de base à votre argumentation contre Alger à un sentiment d'opiniâtreté assez puissant pour vous entraîner jusqu'à la falsification des faits les plus notoires ; mais vous êtes complétement à l'abri de tout reproche sous ce rapport, et on ne peut en accuser que la multiplicité de vos travaux qui, jusqu'à ce jour, ne vous a pas permis d'apporter à l'étude de cette question toute la maturité et toute la supériorité qui vous distinguent.

Vous annoncez que sur trente votans, alors appelés à se prononcer sur la colonisation, vingt-huit ont prononcé le rejet des allocations demandées. Je vois, monsieur, que si vous avez obtenu sur un point la presque unanimité des suffrages, vous avez complétement échoué sur l'autre, le plus important ; car vous n'êtes pas seulement l'adversaire

de la *colonisation*; vous allez plus loin : vous désirez *l'évacuation*, *l'abandon* par la France de nos possessions du
Nord de l'Afrique; et j'ai trop de foi en votre franchise
pour penser que vous n'ayez pas fait part à la commission
du budjet du grand projet que vous avez daigné m'exposer
ainsi qu'à l'un de mes collègues (1). D'un autre côté, le silence de votre rapport sur cette question et la composition
de la commission, sont un témoignage suffisant de l'accueil
qui aura été fait à une proposition de cette nature. Il n'est
pas nécessaire, en effet, de connaître la situation politique et morale de notre colonie d'Alger, pour apprécier la
portée d'un projet qui consiste à abandonner les côtes du
Nord de l'Afrique pour les donner à la Porte-Ottomane !
Si la discussion s'est un peu engagée; si vous avez eu
avec la commission le même laisser-aller qu'avec nous; si
enfin vous lui avez avoué que le département de la Corse
est une malheureuse acquisition, et que *jamais* nous ne
pourrons lutter avec les Anglais dans la Méditerranée;
qu'à la première guerre, Toulon et Marseille seront bloqués,
et que c'est une chimère pour la France de prétendre à
une prépondérance maritime quelconque; enfin, qu'elle doit
laisser la Méditerranée aux Anglais et ne songer qu'à ses intérêts continentaux, oh! alors, monsieur, je suis bien certain
que vous n'avez pas eu la majorité; je dirai même que vous
aurez été seul de votre avis; et je désire, dans l'intérêt de
notre possession d'Afrique, que vous ayez le courage de
l'attaquer publiquement, devant la chambre des députés,
par les mêmes motifs que vous nous avez déduits. Si vous
avez foi en vos principes, vous ne devez pas hésiter. Il

(1) A M. de Guiroie, sous-intendant militaire, délégué des colons
d'Alger, dans une conférence que nous avons eue avec M. Passy, en
cette qualité.

serait indigne d'un honnête homme de procéder en cette circonstance d'une manière adroite et détournée qui, trompant ses adversaires, les fît concourir à leur insu à la réalisation, d'un projet anti-national.

Vous voulez l'*abandon* d'Alger et de toutes nos colonies; vous vous inquiétez peu de la Méditerranée; vous n'hésiterez pas à le dire hautement et à intelligible voix, comme vous me l'avez avoué; vous ne masquerez pas vos batteries sous une menteuse question de *colonisation*, et désormais votre position et la nôtre seront nettement dessinées; la discussion sera engagée sur son véritable terrein.

C'est là, monsieur, le but principal de cette lettre.

Puisque nous en sommes arrivés l'un et l'autre à ce point, disons la vérité tout entière : vous vous opposez à la *colonisation* pour arriver un jour à l'*abandon*. Moi, je défends la *colonisation* pour assurer à la France la *conservation* de la côte Nord de l'Afrique.

La question réduite à ces termes est singulièrement simplifiée.

Examinons donc l'importance pour la France de cette position militaire.

Si je discutais avec tout autre que vous, monsieur, j'avoue qu'au lieu de chercher à prouver l'avantage politique et militaire pour la France de l'occupation de Bone, Alger et Oran, j'aurais posé ce fait comme un axiôme; mais après la profession de foi que vous m'avez faite, je vous dois, au moins en peu de mots, la démonstration d'un principe à mon sens incontestable.

Vous êtes Français; vous voulez donc que la France conserve dans la politique du monde la prépondérance dont elle a toujours été en possession. Député, appelé, selon toute apparence, à entrer prochainement dans l'administration supérieure, vous connaissez parfaitement la situation de l'Europe. « *La guerre est imminente,* » ce sont vos expressions. La France, puissance continentale, est environnée de côtes maritimes baignées par la Manche, l'Océan et la Méditerranée. Aucune question importante ne doit se vider pour la France dans la Manche et l'Océan. En est-il de même pour la Méditerranée? Cette mer est un vaste lac, éloigné de l'Angleterre, et dans lequel cette reine des mers ne peut pénétrer que par le détroit de Gibraltar. L'alliance de l'Espagne et la possession d'Oran nous donnent la clé du détroit; Marseille, Toulon, Majorque et Minorque, la Corse, Alger, Bone, l'alliance de l'Italie, qui nous est acquise au premier coup de canon, Ancône, l'alliance du pacha d'Égypte, font enfin de la Méditerranée, suivant l'expression de Napoléon, un grand lac français.

Il suffit de jeter les yeux sur une carte de géographie et de connaître superficiellement la situation politique de l'Europe et de l'Asie pour apprécier l'importance actuelle de la Méditerranée; et lorsque, pressé par une argumentation serrée, vous vous êtes oublié au point de faire bon marché de la Corse, de Toulon, de Marseille et de la puissance maritime de la France, vous m'avez paru jouer le rôle d'un avocat aux abois, peu difficile sur le choix des raisons. Vous comprenez, monsieur, que prendre au sérieux votre argumentation, c'eût été s'exposer ou à devenir la dupe d'un jeu de votre esprit, ou à vous supposer d'étranges théories politiques. Et, ce qui ne laissait aucun doute sur vos intentions, c'est votre déclaration que l'Angleterre s'affaiblissait par la possession de Malte, Corfou, des îles Ionniennes, etc., etc. Vraiment, je vous demanderais pardon de vous rappeler ces facéties, si, sur le défi que vous adressa mon collègue d'abandonner Alger, vous n'eussiez répondu fort sérieusement que vous en doteriez la Porte-Ottomane, éloignée de 800 lieues d'Alger, qui n'est distant que de 120 lieues de Toulon, et si, sur l'observation que je vous ai faite que l'empire du grand-seigneur s'écroulait de toutes parts, et que le doter d'Alger c'était lui en donner toutes les charges pour en laisser les avantages à la Russie, un sourire d'un dédaigneux étonnement n'avait été votre réponse. Je compris dès lors ou que j'avais eu tort de prendre vos paroles au sérieux, ou que je n'étais pas de force à saisir la profondeur de vos combinaisons politiques.

Votre rapport est venu fort à propos me confirmer dans cette opinion; car la commission, qui semble avoir réservé tous ses anathèmes pour Alger, a si bien senti l'importance de la Méditerranée qu'elle vous a chargé de l'associer à la manifestation que les embarras de l'Europe a rendue nécessaire par l'occupation d'Ancône. Pourquoi donc occuper Ancône si on abandonne Oran, Alger, Bone? Pourquoi l'occupation d'Ancône ne donne-t-elle pas lieu à ces éternelles récriminations que le rapport se complaît à multiplier à chaque paragraphe relatif à Alger? Si la Méditerranée est sans importance politique pour la France, pourquoi l'occupation d'Ancône?

La commission, monsieur, comprend combien la France est intéressée à la domination de la Méditerranée. Elle s'est associée à l'occupation momentanée d'Ancône avec autant de franchise et de loyauté qu'à l'occupation définitive des côtes nord de l'Afrique. La question de *colonisation*, qui, j'ose le dire, n'a pas été comprise, parce que les élémens de discussion ont manqué, a seule jeté la commission dans une fatale erreur; si elle eût pu prévoir toutes ses conséquences et les vues éloignées de ceux qui ont porté la discussion sur ce terrain, la commission aurait mis à rejeter les conclusions de son rapporteur la même unanimité qui les a sanctionnées. La commission a décidé une question politique , maritime et commerciale croyant juger une simple question de chiffres ; elle a prononcé sous l'influence de documens mal appréciés , et si le résumé des argumens invoqués pour la *colonisation* est exactement consigné dans le rapport ; on peut dire hautement que jamais bonne cause n'a été plus maladroitement défendue. Aucun des *véritables* motifs ne s'y trouve consigné ; des argumens reposant sur des erreurs matérielles y occupent une place qu'on désirerait voir consacrée à de bonnes et solides raisons. Mais, en revanche, les adversaires de la colonisation ont longuement et avec complaisance développé tous leurs griefs contre l'Afrique, terre maudite du ciel et fourmillière de malheurs pour la France ! Après une défense aussi complète, on doit s'étonner que 2 voix sur 30 aient osé se prononcer pour la *colonisation !*

Voyons d'abord les conséquences des conclusions de la commission.

La commission propose d'entretenir en Afrique, pendant l'année 1836, vingt et un mille hommes ; elle propose donc une réduction, sur l'effectif de l'armée, de 6,005 hommes.

Je crois être l'organe de la colonie (1) en disant que la réduction pouvait sans inconvénient porter sur deux mille hommes de plus. La commission a frappé juste en blâmant les généraux qui ont jeté des troupes sur plusieurs points où nul intérêt réel n'appelait leur présence. Il eût mieux valu concentrer nos forces sur trois points importans, Bone, Alger, Oran. L'évacuation de Bougie,

______

(1) J'ai consulté sur ce point des militaires expérimentés qui ont une parfaite connaissance des localités , et spécialement le maréchal Clauzel , qui a laissé dans la colonie de si précieux souvenirs et dont personne n'osera contester la compétence.

d'Arzew, Mostaganem doit être effectuée dans le plus bref délai, avec les ménagemens convenables pour sauver l'honneur français et convaincre les indigènes que nous ne cédons qu'aux exigences d'un bon et durable système d'occupation ; la garnison d'Oran doit être réduite au strict nécessaire.

Mais remarquez, monsieur, qu'en souscrivant de si bonne grace aux conclusions de la commission et même en lui faisant une concession de deux mille hommes qu'elle n'a pas exigée, je prétends défendre la *colonisation* et non pas la simple *occupation militaire.*

Comment est-il possible que la commission se soit déclarée contre la *colonisation* lorsque ce projet n'exige aucunes dépenses ? Que demandent en un mot les partisans de la colonisation ? que le gouvernement, au lieu de caserner ses troupes sous les murs d'Alger, les porte au pied de l'Atlas et à Coléah ! Quelle dépense résulte de ce mouvement ? De quelle quantité augmente-t-il l'effectif de l'armée d'occupation ? Quels avantages vous et la commission trouvez-vous à caserner dans Alger une douzaine de mille hommes, passant leur temps au cabaret et dans les mauvais lieux ? Quels inconvéniens voyez-vous à avancer nos postes de trois lieues ? Pourquoi vous obstinez-vous à refuser à la ville de Coléah la garnison française que ses indigènes réclament depuis long-temps ? Pourquoi nous contraindre à l'occupation stérile de la place et nous interdire l'occupation fructueuse et pleine d'avenir de la plaine de Mitidja ?

C'est que vous voulez *l'évacuation* de l'Afrique à tout prix ; vous avez compris qu'une occupation stérile et ruineuse de trois places de guerre par vingt-un mille hommes, sans aucune compensation ni présente, ni future, lasserait bientôt la France et la déterminerait un jour à consommer le sacrifice d'une évacuation, objet de tous vos vœux.

Vous calculez habilement, et déjà vous savez les progrès que peut faire l'opinion. Vous vous complaisez à raconter que seul vous osâtes attaquer l'Afrique, et qu'alors un haro d'indignation s'éleva de toutes parts et que les cris de trahison furent même articulés; mais qu'une année a suffi pour étouffer dans la chambre ce généreux élan; déjà vous dites avoir la majorité parlementaire; vous vous vantez que dans deux ans vous obtiendrez l'assentiment national pour l'abandon d'Alger. Vous vous trompez, monsieur; mais on doit vous rendre la justice que vous procédez à merveille pour arriver à votre but; vous savez attendre; et pour mieux réussir, vous n'hésitez pas à accabler momentanément votre pays de charges ruineuses et stériles. C'est, pour un homme d'économies systématiques, être doué d'un grand courage. Je ne sais pas si c'est l'œuvre d'un bon citoyen.

Vingt-un mille hommes en Afrique, pour l'occupation de trois places de guerre! Comment la commission n'a-t-elle pas deviné le piége? comment a-t-elle pu s'opposer à la *colonisation* du territoire d'Alger, sous le vain prétexte d'une misérable économie de huit cent mille francs, lorsque mes collègues et moi avions, en notre qualité d'organes des colons français établis à Alger, déclaré, imprimé, répété à satiété qu'on pouvait sans danger réduire l'armée d'occupation, pourvu qu'on procédât avec intelligence et qu'on changeât de système! Il était facile à la commission de retrancher deux millions au lieu de huit cent mille francs, et cependant d'accorder à la colonisation de cette fertile contrée, la protection qu'on a aujourd'hui le droit d'exiger du gouvernement.

On voit clairement que la question d'économie cache d'autres intentions. Vous vous opposez à l'occupation des terres de la régence par nos troupes et vous retranchez dans ce but 800,000 fr. du budget, tandis que vous allouez au budget intérieur 625,250 francs pour la formation de camps de manœuvres et d'instruction ! Vous vous plaisez à reconnaître que ces camps sont *utiles aux soldats, dont ils fortifient la discipline et avancent l'éducation, et aux généraux, qu'ils entretiennent dans l'habitude de manier les masses et dont ils forment le coup d'œil,* etc., etc.

Il me semble que si ces parades où l'on brûle quelques amorces inoffensives ont tant d'avantages pour l'éducation de nos troupes, l'occupation de la plaine de Mitidja et quelques excursions dans l'Atlas seraient plutôt de nature à habituer nos soldats aux fatigues de la guerre et nos généraux aux manœuvres stratégiques. Mais, en considération d'une économie de 175,075 francs, la commission a trouvé plus convenable de faire faire l'exercice à nos troupes sur nos places publiques et dans des camps à l'abri de toute attaque... Cette économie coûtera à la France 18 millions par année, et privera son commerce des immenses avantages que la colonisation aurait enfantés !

Pourquoi donc cette antipathie pour la colonisation ? quels en sont au moins les motifs *avoués ?* « *C'est chose grave* (dit le rapport) *qu'appeler en Afrique des populations rurales destinées à prendre la place des populations indigènes.* »

Mais la commission a donc oublié que le gouvernement a fait cet appel qui lui paraît si grave ? Ignore-t-elle qu'après le vote parlementaire, qui avait résolu en faveur de la colonisation ce qu'on ose encore aujourd'hui appeler la *question d'Alger,* le gouvernement, ayant considéré comme définitive une solution que l'Angleterre voit avec une joie indicible mettre de nouveau en doute, a pris un engagement irrévocable avec tous ceux qui ont transporté en Afrique leur famille, leur industrie, leur fortune, leurs espérances. Le président du conseil des ministres (le maréchal Soult) n'a-t-il pas formellement déclaré à la tribune nationale que la France n'abandonnerait *jamais* l'ancienne régence d'Alger? Où étiez-vous alors, monsieur? à la chambre. Qu'avez-vous fait? vous avez combattu le ministre; mais la majorité s'est prononcée contre votre système; vous avez été vaincu; et le vote de la chambre a fixé l'avenir de cette possession. Un gouverneur-général pour nos possessions françaises dans le nord de l'Afrique a été nommé; dans une proclamation officielle, il a déclaré que *le roi des Français lui a confié le gouvernement, non d'une place de guerre, mais des fertiles contrées* de la régence. « *Ne perdez pas de vue surtout,* a-t-il ajouté, *que jamais les Français n'abandonneront le sol africain.* »

La justice française, justice *civile* et non militaire, a été installée en Afrique avec la pompeuse majesté qui imprime un caractère de durée aux actes gouvernementaux. M. le gouverneur a dit aux nouveaux magistrats : « *Organes des lois, c'est sur vous que repose en grande partie l'avenir* DE LA COLONIE. »

Le commissaire de la justice (1) a dit : *la puissance française est assise dans l'ancienne régence d'Alger,* IRRÉVOCABLEMENT, *autant du moins que le permet la* DESTINÉE DES PEUPLES. *Maintenant on peut, avec la* CERTITUDE *de la protection métropolitaine,* S'Y ÉTABLIR, Y TRANSPORTER SON FOYER, SA FAMILLE, SON PATRIMOINE ET SON INDUSTRIE. *Ce qui fut fait dans la perspective d'une occupation* TEMPORAIRE *a pris un caractère* NOUVEAU ; *nous ne voyons plus s'agiter autour de nous seulement les intérêts* D'UN JOUR ; *de toutes parts on s'occupe* ACTIVEMENT DE L'AVENIR.

Ces engagemens pris officiellement par les hauts fonctionnaires de l'administration, sur la foi d'un vote parlementaire, ont-ils été désavoués par le ministère? non; lisez

(1) M. Laurence, membre de la chambre des députés.

le *Moniteur*, et vous verrez ces discours pleins d'avenir et gros de promesses publiées sous le patronage du gouvernement français. Et vous, Monsieur, qui aujourd'hui attaquez l'existence de la colonie, vous a-t-on vu monter à la tribune pour interpeller le ministère et lui demander compte des engagemens téméraires qu'il avait pris en Afrique? Non, vous avez gardé le silence; et aujourd'hui encore vous frappez la colonie par derrière, n'osant l'attaquer en face. — Ignorez-vous qu'une administration des domaines a été installée? des notaires pourvus d'offices? que chaque jour des droits d'enregistrement sont perçus sur les acquisitions territoriales? Savez-vous à quel chiffre monte le total de ces immenses acquisitions? Savez-vous que les 3/4 de la ville d'Alger appartiennent à des Français qui les ont payés en beaux deniers comptant? que le massif d'Alger et une partie de la magnifique plaine de la Mitidja ont été vendus à vos compatriotes? Et vous ferez-vous aussi l'écho de ces ignorans calomniateurs qui vont répétant en tous lieux que les Français ont dépouillé les Arabes? que les acquisitions, frauduleuses pour la plupart, ont été faites à vil prix? Si vous aviez visité le pays, examiné les titres de propriété, comparé les prix actuels des biens à ceux qui avaient cours avant l'occupation française, vous rendriez justice aux colons d'Alger, et vous seriez stupéfait de voir que la civilisation française est si souvent vaincue par la finesse et la mauvaise foi de l'Arabe. Les Français mettent une si grande bonne foi dans leurs acquisitions qu'ils visitent rarement les propriétés qu'ils achètent; plus rarement encore ils prennent le soin d'en vérifier l'étendue avant le paiement de trois années d'avance d'une rente annuelle et perpétuelle, accessoire obligé d'un pot-de-vin en écus qui ne figure jamais dans l'acte authentique.

Quelque étrange que puisse paraître cette assertion aux

esprits prévenus, je répète encore et je défie que l'on me donne un démenti : la bonne foi de l'acquéreur français est évidente ; il ne dépouille pas le vendeur, mais cède aux instances réitérées des indigènes, plus pressés de vendre que nous d'acheter.

Convenez, Monsieur, que lorsqu'on connaît ces faits, il faut avoir du courage pour se permettre des insinuations malveillantes contre les acquéreurs français en Afrique.

Eh bien! monsieur, croyez-vous maintenant que vous ayez le droit de vous opposer à la *colonisation*? Ne pensez-vous pas que le gouvernement a pris des engagemens qu'il doit tenir? Et vous imaginez-vous être utile à votre pays en vous attachant chaque année à jeter des inquiétudes sur un établissement qui, malgré les entraves de toute nature dont on l'entoure, a fait de si rapides progrès? Est-ce sérieusement que vous avez osé dire dans votre rapport : « *Combien reste-t il encore des hommes appelés pour cultiver le sol? Le découragement ne s'est-il pas emparé des plus résolus à la vue des périls qui les environnaient? N'ont-ils pas abandonné les exploitations où leur vie même n'était pas en sûreté?* » C'est là votre argument. Je le comprends dans votre bouche; mais, dites-moi, est-il possible que les défenseurs de la colonisation aient fait cette stupide réponse : « *C'est à l'administration qu'il faut s'en prendre d'un défaut de succès qu'elle semblait désirer?* »

Comment est-il possible que l'énonciation d'un *fait faux*, *matériellement faux*, et qui sert de base à l'argumentation des anti-colonistes, ait été avoué, reconnu véritable par les défenseurs de notre possession?

Où donc, monsieur, avez-vous appris que, depuis trois ans, des cultures aient été abandonnées? C'est sans doute une hyperbole de langage, une figure de rhétorique ; car je ne suppose pas que l'énonciation d'un fait *faux* soit jamais une arme à votre usage; et afin de rassurer votre conscience, je vais prendre la liberté de faire un *erratum* sur ce point à votre rapport.

Loin que les exploitations agricoles aient été *abandonnées*, la culture a pris cette année un accroissement prodigieux. Au mois de mars 1835, 6,394 hectares de terre avaient été mis en culture; à la même époque, le nombre d'oliviers sauvages greffés s'élevait environ à 25,500.

Le coton, essayé sur une petite échelle l'année dernière, a été tenté cette année en grand, et près de 200 arpens sont en ce moment ensemencés. A la même époque le nombre d'arbres *plantés* s'élevait à 18,300.

Comment donc ose-t-on présenter la colonie sous un jour si mensonger?

Voici quelques tableaux *officiels* qui ont dû, monsieur, vous être communiqués et qui établissent jusqu'à l'évidence les progrès de la colonie.

ANNÉES.	POPULATION européenne.	NOMBRE des bâtim. march. entrés dans le port.	MONTANT des importations.	MONTANT des exportations.	PRODUITS des douanes et des domaines de l'enregist.
			fr. c.	fr. c.	fr. c.
1832	5545	742	6,856,920 0	850,659 0	1,569,108 46
1833	7612	744	7,599,158 3	1,028,410 60	2,239,184 33
1834	9600	947	8,560,230 42	2,376,662 29	2,514,485 29

Dans ce tableau ne figurent pas les marchandises expédiées pour l'armée.

Je pense, monsieur, que vous savez qu'Alger *produit* et que déjà des marchandises ont été exportées à Marseille et à Toulon. La chambre de commerce de Marseille a fait à la douane le relevé de ces exportations pendant le premier semestre de 1834, en voici le résultat :

Peaux sèches de toutes sortes.	229,759 kilogramm.
Laines en masses..	344,785 francs.
Cire.	31,848 kilogramm.
Suif.	10,363 kilogramm.
Os.	348,304 kilogramm.
Huile (valeur approximat. 1,200,000 fr.) .	1,186,484 kilogramm.
Bois de construction..	58,810 mètres.
Cuivre en masse.	4,989 kilogramm.

Assurément, monsieur, je n'ai pas la prétention de lutter en *chiffres* avec vous; vous êtes trop habile en pareille matière pour que je consente à porter la discussion sur ce terrain; mais ceux que je vous cite sont exacts, et ils ont aussi leur éloquence.

Au reste, la *question* d'Alger, puisque *question* il y a, ne peut être tranchée avec des chiffres; j'aime à croire qu'un homme d'état comme vous ne descendra pas en matière aussi grave jusqu'à faire la besogne d'un chef de bureau; et je ne vous fais pas l'injure de croire que vous demandez à cette colonie dans les langes les produits qu'on exige de la virilité. Seulement j'ai cru convenable de prouver par des faits que la colonisation était en progrès et n'avait jamais éprouvé de décroissance ni même de stagnation. Il faut avouer que c'est là un prodige, car les incertitudes que vos attaques ont jetées sur cet établissement naissant étaient bien propres à le frapper de mort. Croyez-vous que si chaque année l'*existence* de la Guadeloupe, de la Martinique, de Bourbon, de Caïenne était soumise aux vicissitudes éprouvées par Alger, ces colonies qui sont sorties de l'enfance résisteraient trois ans à un si déplorable système?

2

Vous faites sonner bien haut les dépenses que la France fait pour Alger; mais vous taisez avec un soin tout particulier le chiffre de ses produits. Vous ne parlez ni des recettes du domaine, de l'enregistrement, des greffes, des hypothèques, des douanes, de la poste aux lettres, de l'octroi, en un mot vous gardez le silence le plus absolu sur toutes les recettes qui atténuent les dépenses. Vous ne dites pas que depuis la colonisation d'Alger, le commerce du Midi a pris une étonnante activité.

Quoique l'ennemi né de toutes les colonies, vous ne comparez pas les sacrifices faits par la Fance pour ses autres possessions avec les dépenses d'Alger. Vous vous gardez bien de dire que le *monopole colonial* coûte annuellement à la France, seulement pour le sucre et pour les seules Guadeloupe et Martinique, plus de *cinquante millions !* A quel chiffre ce système porterait-il les sacrifices de la métropole si j'énumérais toutes nos possessions et toutes les denrées que notre commerce a le privilége de payer à nos colonies?

Puis, vous vous efforcez de prouver que si la France ne possédait pas Alger, on *licencierait* les 21,000 hommes composant l'armée d'occupation. Voyons les choses avec vérité; ne soyons pas aveuglés par nos préjugés et nos passions; examinons cet argument avec loyauté et franchise.

Pourquoi la France entretient-elle sur pied une armée de près de 500,000 hommes? Est-ce pour sa sécurité intérieure? Non; vous convenez dans votre rapport que cet armement n'a lieu que pour faciliter à la France le passage du pied de paix au pied de guerre, dans le cas présumable d'une guerre continentale. Croyez-vous que l'*abandon* d'Alger aurait pour résultat le *licenciement* des corps d'occupation? Je ne le pense pas, et M. Casimir Perier s'en est catégoriquement expliqué à la tribune de la chambre des députés.

Il ne faut donc faire entrer les dépenses pour Alger en ligne de compte, que pour la différence qui résulte du pied de paix au pied de guerre. En prenant cette base, la seule vraie, la dépense ne dépassera pas huit millions; et il faudrait encore défalquer de cette somme les revenus de la régence, qui s'élèvent à plusieurs millions, et faire entrer en ligne de compte l'augmentation des produits de la douane de Marseille et de Toulon depuis l'occupation, et les avantages commerciaux du Midi de la France.

Vous reprochez encore à Alger (car que ne lui reprochez-vous pas?) de nécessiter 800,000 francs de dépense pour la *correspondance!* Il est fâcheux, monsieur, que vous ignoriez que des compagnies particulières ont offert en maintes circonstances, et offrent encore au gouvernement de se charger, pour 150,000 fr. par an, de la correspondance et du transport des militaires par des navires à vapeur construits sur les modèles indiqués par l'administration. Mais le ministère pense que notre marine militaire a besoin pour se former de s'exercer à la navigation par la vapeur et a constamment refusé les offres des compagnies. Vous pouvez trouver mauvaise et singulière l'idée de M. le ministre de la marine d'habituer nos marins à la navigation par la vapeur, car je me rappelle que vous m'avez déclaré que les vaisseaux à vapeur ne nous seraient d'aucun secours pour les communications avec Alger, en cas de guerre; mais j'espère que vous serez encore sur ce point seul de votre avis, et que les prodiges de la vapeur ne seront pas perdus pour la marine française, pour obtenir une économie éphémère de 600,000 fr. par année.

Je suis aussi partisan que vous des économies; je pense comme vous que d'immenses réductions peuvent être opérées sur les dépenses générales de la France, et si j'étais dans votre position politique, j'aurais l'espoir de les réaliser, de les signaler au moins. L'occasion ne vous a pas manqué, et sauf la question d'Alger, vous avez montré peu d'empressement à opérer en grand ; vos critiques ont toujours porté sur des détails insignifians. Je vous avoue, monsieur, que je n'apprécie pas cette manière de procéder ; je crains que les fausses applications que vous vous efforcez de faire d'une excellente doctrine ne contribuent à donner des armes contre elle à ses habiles adversaires.

Vous vous récriez sans cesse sur les dépenses occasionnées par Alger, et vous ne tenez aucun compte de ses avantages. Que diriez-vous d'un homme qui demanderait ce que rapporte un vaisseau de ligne ? ce que produit par jour un enfant au berceau ?

Quant aux doutes sur les succès de la colonisation, ils ne sont pas sérieux, et ce serait vraiment une trop grande concession à l'évidence des faits que de condescendre à discuter une thèse depuis long-temps résolue. Non, monsieur, je ne m'efforcerai pas de démontrer la fertilité des terres de la régence d'Alger, ce serait prouver l'évidence ; tous ceux qui ont visité le pays ont admiré les merveilles de la végétation ; et permettez-moi de vous dire qu'ils ont peine à dissimuler un sourire, lorsqu'ils voient élever gravement des doutes sur la prodigieuse fertilité du sol ; c'est une innocente ignorance qu'on pardonne à ceux qui s'imaginent que le sol africain est infesté de tigres, de lions, et est brûlé par l'ardeur d'un soleil dévorant.

Je m'aperçois que mes digressions sont interminables ; mais que voulez-vous, j'ai tant d'erreurs à redresser. Il me faut en quelque sorte réfuter, dogmatiser à chaque mot. Si vous et vos collègues aviez daigné nous admettre dans le sein de la commission ou prendre la peine de faire une promenade à Alger, vous m'auriez épargné et à vous aussi le déplaisir d'une si longue récrimination.

Ainsi encore vous n'auriez pas tracé un tableau si lugubre de l'état militaire d'Alger, et vous n'auriez pas donné le spectacle d'une commission de la chambre des députés et de son rapporteur parlant emphatiquement des *tribus habituées aux ruses et aux périls de la guerre*, ET ASSEZ FORTES, *assez nombreuses*, ASSEZ BIEN ARMÉES POUR DISPUTER HARDIMENT *le sol qu'elles regardent comme leur héritage. C'est à main armée qu'il faut coloniser*; etc., etc. *Les colons sont exposés à des* PÉRILS DE TOUS LES INSTANS; *des vols de bestiaux, des pillages, des attaques, des meurtres ne sont-ils pas commis* TOUS LES JOURS *jusque sous les yeux des postes avancés?* LE BRUIT DES COUPS DE FUSIL NE SE FAIT-IL PAS ENTENDRE A CHAQUE INSTANT? etc., etc. Mon Dieu, monsieur, que n'avez-vous été à Alger ! Je vous demande pardon de répéter ce réfrain; mais votre rapport révèle trop d'ignorance du pays et de la situation réelle des choses pour qu'il me soit permis de garder le silence.

Vous ignorez donc, monsieur, que, depuis cinq ans que nous occupons Alger, la ville, rendez-vous de toutes les nations, et dont les rues étroites, solitaires et obscures sont si fovorables à l'exécution des crimes, n'a été témoin que de deux assassinats commis, le premier, par un indigène contre un indigène, le second, par un Espagnol contre un nègre? Je ne sais si vous trouverez dans ces faits isolés un argument en faveur de la haine profonde dont les chrétiens sont victimes. Vous ne savez donc pas que les assassinats commis dans les campagnes n'ont pas été plus nombreux que dans les départemens français? Et si quelques-uns de nos compatriotes sont tombés victimes des Arabes, c'est que souvent ils ont eu l'imprudence de s'aventurer à de grandes distances de nos avant-postes. Mais on peut affirmer que généralement ils ont été sacrifiés par des brigands, voleurs de grands chemins du pays, comme les hôtes des forêts françaises. Si vous faites allusion au dernier malheur arrivé entre Douëra et Del Ibrahim, veuillez réfléchir que les maraudeurs Adjoutes avaient été provoqués par une malencontreuse expédition dans laquelle nos généraux avaient trouvé l'occasion de déployer quelques grosses colonnes d'infanterie, sans aucun avantage pour la colonisation. Cette expédition intempestive a entretenu, excité cette tribu turbulente dans les dispositions guerroyantes qu'elle a eues de temps immémorial. Mais qui donc a pu vous dire que TOUS LES JOURS des bestiaux étaient volés, des habitations pillées, des attaques tentées, des meurtres commis? Quant *au bruit continuel de coups de fusil*, vous n'y croyez point, n'est-ce pas?

Vous ignorez, monsieur, que la plupart des tribus de l'immense plaine de la Mitidja sont les alliées de la France; chaque jour les Français vont sans danger dans leurs tentes; l'Arabe nous donne le *couscoussous* à manger, et en échange nous le régalons de VIN, oui de VIN, lorsqu'il vient nous visiter; et cette antipathie de mœurs, cette haine religieuse dont on fait tant de bruit sont chimériques. Le contact des Français a singulièrement modifié les mœurs des *croyans*; c'est donner une preuve qu'on n'a étudié que dans les livres les mœurs musulmanes que de répéter sans cesse que le rapprochement des deux populations est à jamais impossible.

De plus, ces tribus *assez bien armées pour nous disputer hardiment le sol* que nous leur avons payé, où sont-elles donc? Où sont-elles, monsieur? répondez, dites où elles sont, je les cherche vainement. La plaine de la Mitidja a vingt-cinq lieues de long sur neuf lieues moyennes de large. Eh bien! dans cet immense bassin, je ne vois que des alliés; je me trompe, deux tribus sont nos ennemies : les Adjoutes et une autre tribu, pouvant mettre ensemble, au plus, 350 cavaliers en campagne. Depuis le cap Matifoux jusqu'à Miliana, il n'y a pas 1,800 hommes armés de fusils, et en état de tenter, disséminés sur cet immense territoire, une résistance sérieuse. M'opposerez-vous les *ordres du jour*, les *bulletins* de nos généraux? Veuillez les lire avec attention et compter le nombre des morts, des blessés. Lisez le dernier bulletin, et vous verrez qu'on a osé publier un immense ordre du jour pour enregistrer..... quoi? les *contusions* de nos soldats. Et cet ordre du jour contient un état nominatif égal à ceux des bulletins de la grande armée!

Oui, monsieur, les Arabes sont si dangereux pour nous, que nos généraux en sont réduits à signaler à l'attention de l'Europe les chutes de chevaux, les *contusions* enfin de nos soldats, dont l'ardeur est trompée par la fuite de l'ennemi.

Je vois, monsieur, que votre effroi pour l'Afrique vous a fait prendre quelques bandes de voleurs et de maraudeurs pour une armée formidable. Les colons n'ont jamais demandé à être protégés contre les armées ennemies, mais contre quelques pillards, courant par bandes comme au moyen-âge. Dix-huit cents hommes, dont quatre cents cavaliers casernés à Belida; cinq cents à Coléah et quelques postes biens placés pour faire la police de la plaine, suffiront pour rendre Mitidja et le massif d'Alger aussi sûrs qu'aucun département de France, qui nécessite, dans son état de civilisation avancée, des brigades de gendarmerie, des gardes-champêtres, forestiers, messiers, etc.

Ce sujet est tellement fécond que si je voulais répondre à toutes les erreurs de votre rapport, au lieu de vous écrire une lettre, je vous adresserais un volume; je craindrais même en ce cas de ne pas vous convaincre, car vous me paraissez avoir sur l'Afrique des idées trop arrêtées (quoique ne l'ayant pas visitée), pour que je puisse me flatter de vous en faire jamais revenir. Je m'arrête donc ; je ne vous exposerai pas aujourd'hui mes idées ; ce serait probablement en pure perte et pour vous et pour les inté-rêts de la colonie. Je crois avoir relevé assez d'erreurs dans votre rapport pour vous prouver que le soin de votre ré-putation exige que vous étudiiez plus à fond la question al-gérienne.

Je vous ai annoncé le but de cette lettre ; c'est de vous contraindre à déclarer hautement que vous attaquez la *co-lonisation* pour arriver à l'*évacuation*. J'espère, monsieur, que vous n'hésiterez pas enfin à jouer cartes sur table ; c'est là que nous vous attendons.....

Je termine enfin ; et je me propose de vous adresser une nouvelle lettre dans laquelle ; en continuant l'examen su-perficiel de votre rapport, je vous exposerai brièvement les vœux des colons et les avantages pour la France de notre COLONIE d'Alger.

J'ai l'honneur d'être,

Monsieur,

Avec une considération très distinguée,

Votre très-humble et très-dévoué serviteur,

Eugène RENAULT,
Délégué d'Alger,
Avocat au Conseil d'État et à la Cour de cassation.

Paris, le 26 avril 1835.